La montagne

Illustré par Héliadore
Réalisé par Gallimard Jeunesse
et Dominique Joly

GALLIMARD MES PREMIÈRES DÉCOUVERTES DE LA NATURE

Les montagnes sont les toits du monde.
Leurs sommets très élevés se perdent dans les nuages.

Le tintement des cloches
permet de repérer les vaches.

Leurs pentes sont abruptes et leurs vallées profondes. Plus tu montes, plus le froid est vif et la végétation rare.

Les alpinistes portent des masques à oxygène car il est difficile de respirer en haute altitude.

Fracture

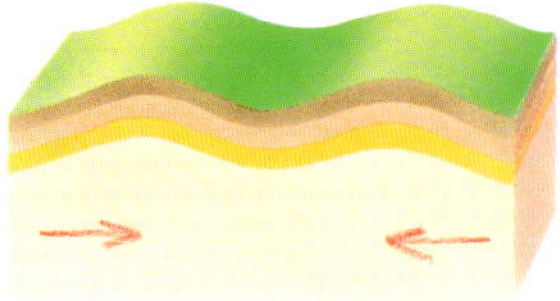

Pli ondulé

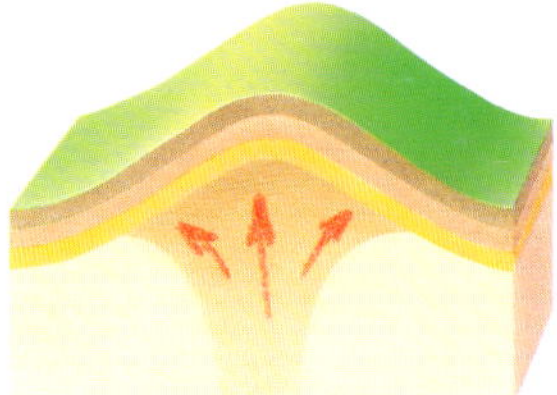

Pli bombé

Sous l'action de puissantes forces souterraines,
l'écorce terrestre s'est soulevée de plus en plus haut.
C'est ainsi que sont nées les montagnes,
il y a des millions d'années.

L'écorce terrestre est composée de plaques.
En se chevauchant, se heurtant
ou s'écartant, des fractures ou des plis
ont fait jaillir les masses montagneuses.

Ces montagnes couronnées de cratères sont
des volcans éteints. Il y a très longtemps,
ils ont explosé. Se réveilleront-ils un jour ?

Des roches liquides
et brûlantes provenant
de l'intérieur
de la Terre jaillissent
brusquement :
c'est l'éruption.

Ces montagnes sont anciennes.
Au fil des millénaires, leurs
formes se sont arrondies.

Ayers Rock en Australie

Le vent, le gel, l'eau attaquent
les roches des montagnes qui prennent
parfois des formes étranges.

Montagnes de Guilin en Chine

Région
du Grand Canyon
aux États-Unis

Saurais-tu reconnaître, en hiver, la montagne que tu as escaladée cet été ?

Un épais manteau neigeux recouvre tout.
Il fait la joie des skieurs.

Au printemps, à la fonte des neiges,
les torrents et les cascades se gonflent
d'eau qui dévale jusqu'à la vallée.

Ours
Truite

Les montagnes du monde accueillent une foule d'animaux qui savent résister au froid, au vent et à l'air pauvre en oxygène.

1. Vautour fauve 2. Bharal
3. Panthère des neiges 4. Piverolle 5. Pika

1
3
4
2
5

1
2
3
4
5

1. Aigle 2. Ours 3. Puma 4. Chèvre des Rocheuses 5. Écureuil de Kaltab

Pour franchir
les obstacles, il faut
construire des ponts,
des routes, creuser
des tunnels...
et ne pas craindre
le vertige !

Dans l'Himalaya,
les yacks sont
de bons porteurs.

Au Pérou, un train,
le plus haut du monde,
traverse les Andes
à 4800 m de haut.

Les lamas sont très
résistants au froid
et à la fatigue.

On exploite les forêts et la force de l'eau est transformée en électricité.
Avec le lait des vaches et des brebis, on fabrique du bon fromage.

Avant le développement du tourisme, l'élevage faisait vivre les montagnards.

En été, les troupeaux montaient dans les alpages et redescendaient avant l'hiver.

En Asie, sur les versants escarpés, le riz est cultivé dans des rizières en terrasses.

La montagne
est pleine de dangers.

Si on s'y aventure
sans prudence :
gare aux éboulis
de pierre, aux
crevasses et aux
avalanches !

En haute montagne, les sauveteurs doivent vite intervenir ! Ils sont armés de pics, de pelles, de treuils et sont aidés par des chiens entraînés tout spécialement.

Sur chaque continent,
se dressent des montagnes
dont les sommets
sont célèbres.
Les connais-tu ?

L'Everest, en Asie, est le point culminant de la planète : 8 882 m.

Le Fuji-Yama, haut de 3 778 m, est un mont sacré au Japon.

Le Mont-Blanc, à 4 807 m, est le plus haut sommet d'Europe.

Le Kilimandjaro culmine
en Afrique à 5 963 m.

Le Tahat surplombe
le Sahara à 2 918 m.

Le Mont Mac Kinley domine
l'Amérique du Nord à 6 187 m.

Le Fitz Roy, en Argentine,
s'élève à 3 375 m.

Mes premières découvertes

La coccinelle
Le temps
La pomme
La carotte
L'œuf
L'arbre
Le chat
La couleur
Sous la terre
La terre et le ciel
L'automobile
Le chien
L'oiseau
Le bord de mer
Le château fort
L'eau
La fleur
L'ours
L'avion
La tortue
L'éléphant
La souris
La baleine
Le cheval
La maison
Le dinosaure
Le bateau
Le bébé
La ferme
L'heure
La rivière
L'image
La jungle
Plus ou Moins
Le singe
L'abeille
La musique
Le cirque
L'aigle
Le castor
Compter
Le sport
La pyramide
La chouette
Les portraits
Les paysages
Le bestiaire
Les tableaux
Atlas des pays
La grenouille
Le poisson
Le loup
Les Indiens
Le corps
Le train
Le pingouin
Le Louvre
La cathédrale
Le chantier
Le téléphone
Le papillon
Atlas du ciel
La sculpture
Vincent Van Gogh
Les vents
Les percussions
Noël
Le champignon
La vache
La préhistoire
La vie du corps
Henri Matisse
Pablo Picasso
Les cordes
Les claviers
Le pain
Les bestioles
Les pompiers
Fernand Léger
Le canard
Les voix
L'électroacoustique
Avant la naissance
Naître
L'impressionnisme
Les crèches
Le football
Grandir
Le vent
L'écureuil
Vivre ensemble
Halloween
Être grand
Paul Gauguin
Le lion
Internet
Les bruits de la vie
L'école maternelle
La montagne
Le kangourou
L'orchestre
Le sucre
Le carnaval
Le lapin
Le désert
Le camouflage
Le lait
L'hôpital
Le rap
Le crocodile
Les cinq sens
Les animaux en danger
Le rock
Les pirates
L'âne
Le tigre
Le hérisson
Les volcans
La marmotte
Le dauphin
La géographie
La girafe
La lune

Responsable éditoriale : **Anne de Bouchony** • Graphisme : **Alain Barreau**
Conseiller pédagogique : **Dominique Joly**

ISBN : 2-07-052740-9

1er dépôt légal : octobre 1999
Dépôt légal : janvier 2005
Numéro d'édition : 3379

Imprimé en Italie
par Editoriale Lloyd
Loi n° 49-956 du 16 juillet 1949
sur les publications destinées
à la jeunesse